ars vivendi

menüthek

KRIMI

Ein perfekter Themenabend

Mit mörderisch guten Rezepten, Tipps zu
krimineller Deko, stilechtem Ermittler-Outfit,
fesselnder Musik – und allem, was dazugehört

ars vivendi

ERR

WAS IST DIE MENÜTHEK?

Die *Menüthek* ist mörderisch gut und natürlich auch kriminell lecker. Sie gibt jede Menge Anregungen und Ideen für einen wunderbaren Abend mit Freunden, die der gleichen Leidenschaft frönen: der Liebe zum Krimi. Ob nun im Fernsehen oder im Kino. Als Kriminalroman oder Detektivspiel.

Ein Rätsel lösen zu können fasziniert uns Menschen seit Urzeiten. Wir wollen Erklärungen haben, um Fremdartiges besser verstehen zu können. Es ist die uns mitgegebene Neugier, Dinge zu hinterfragen und zu erforschen. Nur so können wir unseren Horizont erweitern und Neues entdecken. Ein Krimi wirft Fragen auf, die wir beantwortet haben wollen. Wir möchten Rätsel entwirren und freuen uns, wenn wir am Ende auf die Lösung stoßen. Die innere Spannung fällt ab, die Belohnung, das Glücksgefühl, befreit. Und warum nicht einmal selbst zum Detektiv werden, der hinter so manche Kulissen schauen darf, oder gar auch ein wenig Mord(s)gelüste haben und andere hinters Licht führen. Alles ganz legal,versteht sich.

Mit Gleichgesinnten fachsimpeln, raten und dabei gemeinsam ein wunderbares Essen genießen, das in der Zubereitung völlig unkompliziert ist.

Die *Menüthek* gibt Ideen für einen solchen Abend, an dem Ihr Zuhause zum Tatort wird und der ganz im Zeichen des Krimis steht. Sie weiß am besten, was zu einem spannenden Abend mit Freunden, Kollegen oder der Familie gehört. Sie hat nicht nur mörderisch gute Rezepte für Sie, sondern auch jede Menge Anregungen für die passende Musik, gibt spannende Buch- und Filmtipps und weiß vor allem eines:
Der Mörder ist nicht immer der Gärtner.

Mehr Infos und weitere Ideen rund um den Krimi finden Sie unter:

www.krimimenuethek.de

IHR ZUHAUSE – DER TATORT

Detektivgeschichten begeistern schon Kinder. Einmal sein wie *Kalle Blomquist* oder so aufregende Sachen erleben wie die *Fünf Freunde* oder *Emil und die Detektive*. Krimifans haben oftmals ein langes »Vorstrafenregister«, haben vielleicht sogar selbst einen kleinen Detektivclub in ihrer Kindheit gegründet und sind mit Pinzette und Lupe über den Schulhof gelaufen. Wilde Spekulationen wurden angestellt und sich im Zeichnen von Phantombildern ereifert. Und eines werden sie bis ins hohe Alter behalten: die Liebe zu einem spannenden Krimi. Ob als Film, Buch oder TV-Serie. Auch im Internet gibt es viele Foren, bei denen sich Krimifans jeden Alters austauschen. Zum Krimi auf der Bestsellerliste, zum sonntäglichen *Tatort* oder zu dem Kriminalfilm, der gerade in den Kinos läuft. Und da hat jeder seine ganz persönlichen Favoriten.

Vielleicht entdecken manche erst als Erwachsene die Faszination des Krimis. Durch den Besuch eines Krimidinners, das in vielen Städten angeboten wird, oder durch einen fesselnden Film im Kino.

Ein Krimiabend zu Hause mit Freunden, Verwandten oder Arbeitskollegen ist etwas ganz Spezielles – genießen Sie Stunden voller Überraschungen, Spaß und ganz viel Genuss! Ob Sie nun ein Rollenspiel in großer Runde machen und alle zusammen den Täter suchen oder einfach nur ein kleines Krimiquiz zu zweit spielen, ein Krimipuzzle alleine enträtseln, eine DVD anschauen oder eine Hör-CD genießen – für jeden Krimifan ist etwas dabei!
Nur eines muss es eben sein: spannend!

INHALT

16

WILLKOMMEN AM TATORT

Ob mit einem DVD-Abend zu zweit, einem unterhaltsamen Detektiv-Spiel mit Freunden oder einfach nur mit einem gemütlichen Plausch über gemeinsame Lieblingskrimis – überraschen Sie Ihre Gäste mit einem außergewöhnlichen Abend!

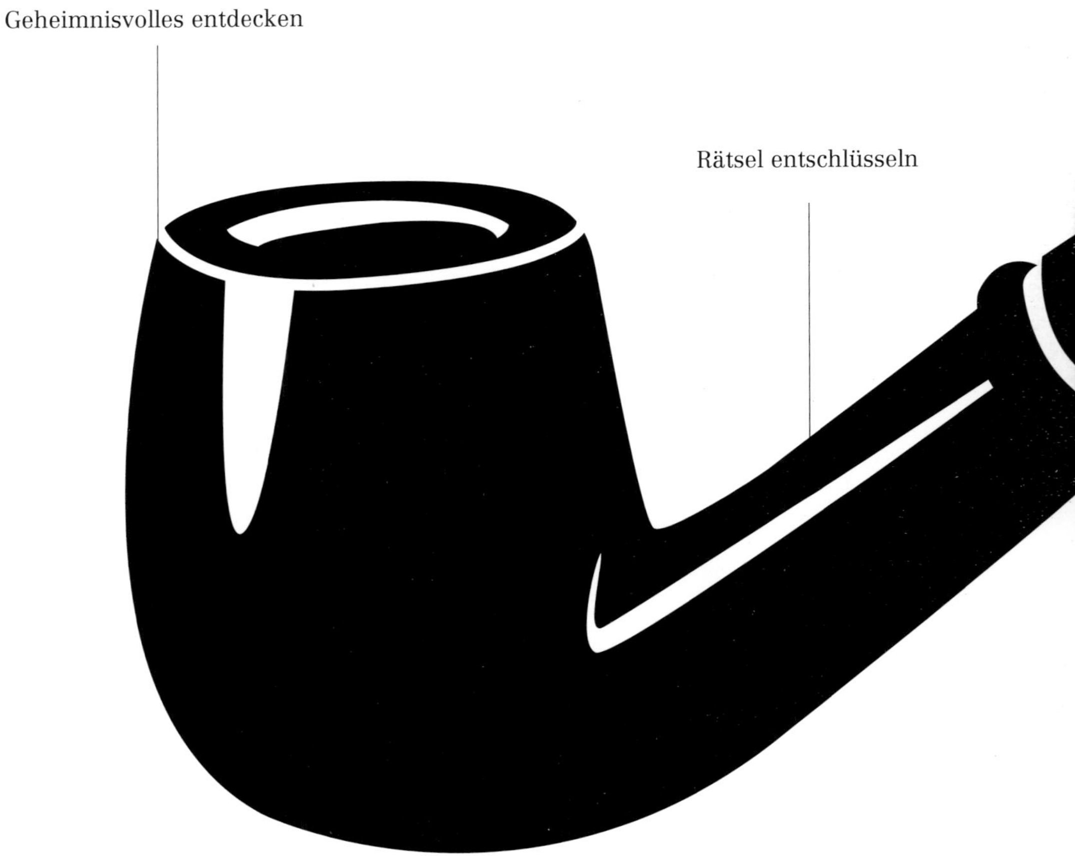
Geheimnisvolles entdecken
Rätsel entschlüsseln

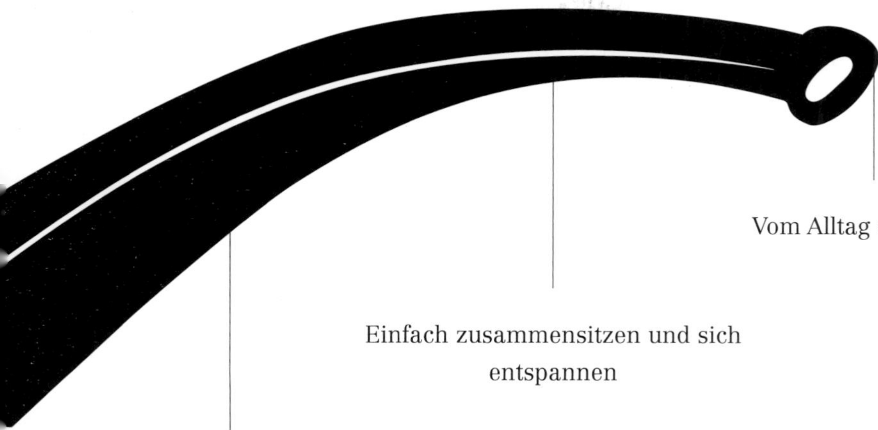

Vom Alltag abschalten

Einfach zusammensitzen und sich
entspannen

Einen wunderbaren Abend lang Neues
entdecken, ermitteln, aufklären

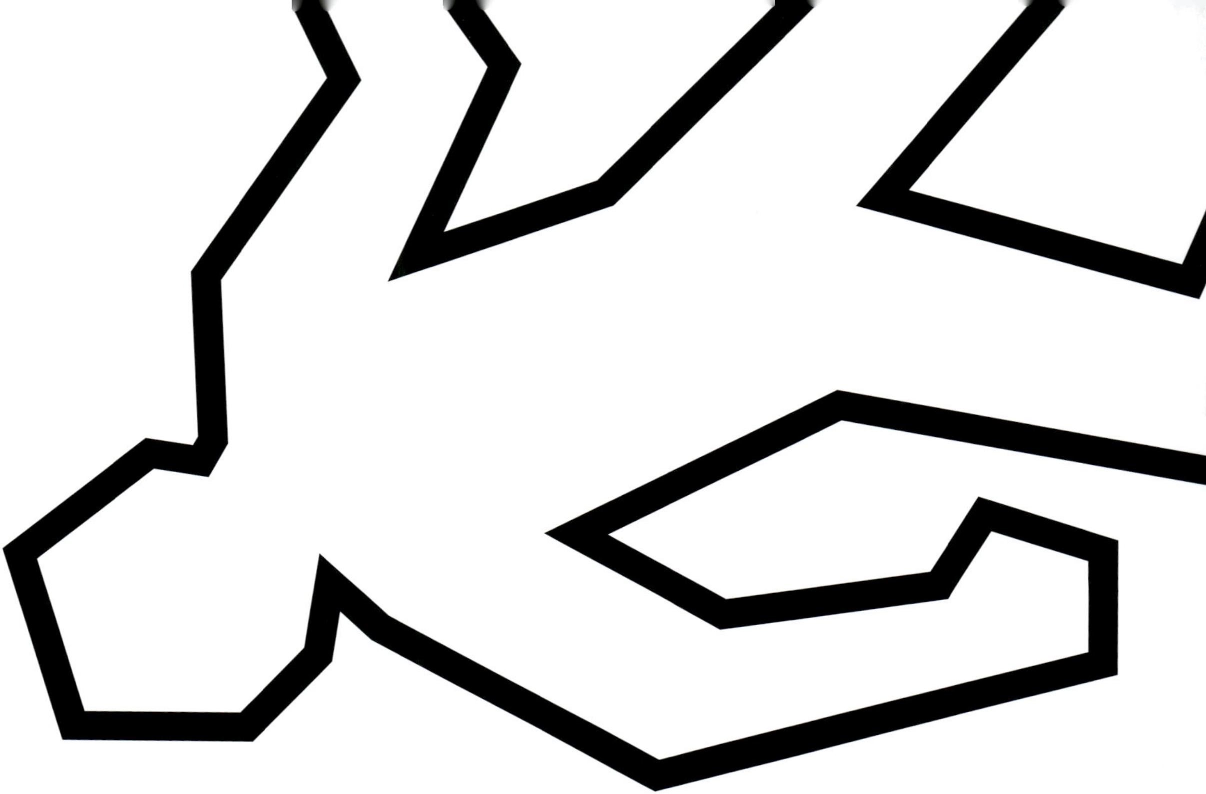

DAS MÖRDERISCH GUTE KRIMI-MENÜ

VERDÄCHTIGER GRUSS AUS DER KÜCHE

Falsche Leberwurst – ein vegetarischer Brotaufstrich

VERDÄCHTIGER GRUSS AUS DER KÜCHE

Falsche Leberwurst – ein vegetarischer Brotaufstrich

ZUTATEN FÜR 4 PERSONEN

250 ml Gemüsebrühe
1 Lorbeerblatt
2–3 Pimentkörner
1–2 Wacholderbeeren
2 Schalotten
80 g Butter
40 g Hefe (1 Würfel)
1 Knoblauchzehe
50 g Vollkornmehl (Gerste, Roggen, Weizen oder Dinkel)
Majoran, Thymian, Petersilie, Salz, Pfeffer nach Belieben
1 Schuss Essig

ZUBEREITUNG
Die Gemüsebrühe mit dem Lorbeerblatt, den Pimentkörnern und den Wacholderbeeren aufkochen, danach abseihen. Die Schalotten pellen, in feine Würfel schneiden und in der Butter andünsten. Die Hefe hineinbröckeln, unter Rühren auflösen und durchschwitzen. Die Knoblauchzehe fein reiben und hinzugeben. Mit der Brühe aufgießen. Das Vollkornmehl einrühren und alles ca. 3 Minuten kochen, dabei weiterrühren. Mit Majoran, Thymian, Petersilie, Salz und Pfeffer nach Belieben würzen. Wenn die Masse noch lauwarm ist, einen Schuss Essig unterrühren.

In hübsche Gläser oder Steinguttöpfe abfüllen und verschließen, kühl stellen und ein, zwei Tage ruhen lassen.

PASST GUT DAZU
Der 2013er *Wiener Gemischte Satz DAC* vom Weingut Wieninger präsentiert sich vielschichtig, duftig und frisch, am Gaumen elegant und süffig mit einer lebendigen Säurestruktur. Bereits als Jungwein überzeugt er mit seiner würzigen und frischen Art. Als alkoholfreie Alternative einen blutroten Fruchtsaft-Cocktail aus Trauben-, Johannisbeer- und Holundersaft.

TIPP: Mit frischem Brot, Butter und Kräuterquark servieren.

LEICHENBLASSES SCHAUMSÜPPCHEN

mit frischen Kräutern und Pistolennudeln

ZUTATEN FÜR 4 PERSONEN

2 Schalotten
1 Knoblauchzehe
2 EL Olivenöl
100 ml Weißwein
500 ml Gemüsebrühe
100 ml Sahne
50–100 g gemischte Kräuter
wie Petersilie, Kerbel, Schnittlauch,
Bärlauch oder Kresse
50 g Butter
Salz und Pfeffer
Pistolennudeln und etwas Milch zum Servieren

ZUBEREITUNG

Schalotten und Knoblauch schälen und fein würfeln, Öl erhitzen, beides darin glasig dünsten. Wein, Gemüsebrühe und Sahne hinzufügen und ca. 15 Minuten zugedeckt köcheln lassen, dann von der Herdplatte nehmen. Kräuter waschen und trocken tupfen. Einige Blättchen für die Dekoration beiseite legen, den Rest klein hacken und mit der Butter zur Suppe geben. Pürieren und mit Salz und Pfeffer abschmecken. Pistolennudeln nach Anweisung kochen.

Zum Servieren etwas Milch erwärmen, aufschäumen und zusammen mit den Pistolennudeln auf die angerichteten Teller geben.

PASST GUT DAZU

Ein 2014er Sauvignon Blanc mit herrlich frischem Duft von Apfel und Stachelbeeren aus der Edition *Symphonie* vom Deutschen Weintor. Ein eleganter und zugleich lebendiger Wein. Oder ein 2014er *Camerino* weiß, mit dem Körper des Müller-Thurgau, der Säurestruktur des Rieslings und dem Bukett der Scheurebe und des Muskatellers. Ein Cuvée vom Weingut Zimmerlin für harmonischen, unkomplizierten Trinkgenuss.

TIPP: Wenn Sie die Suppe vorbereiten, Kräuter und Butter erst kurz vor dem Servieren dazugeben und pürieren. Auch eine Schaumsuppe nur mit Kresse (drei Kästchen) schmeckt hervorragend!

RAFFINIERT (R)EINGELEGTE CHAMPIGNONS

in Zitronen-Olivenöl-Marinade

ZUTATEN FÜR 4 PERSONEN
500 g frische Champignons
1 Bund glatte Petersilie
1–2 Knoblauchzehen
100 ml Olivenöl
Saft von einer Zitrone
1 leicht gehäufter TL Salz
1 gestrichener TL Zucker
Weißbrot und Salat zum Servieren

ZUBEREITUNG
Die Champignons putzen und in dünne Scheiben schneiden oder hobeln. Petersilie waschen, trocken tupfen, fein hacken und zu den Champignons geben. Knoblauchzehen schälen und fein reiben. Olivenöl, Zitronensaft, Knoblauch, Salz und Zucker miteinander zu einer Marinade verrühren und über die Champignons geben. Circa 1 Stunde ziehen lassen. Mit Weißbrot und Salat servieren.

PASST GUT DAZU
Ein Premiumwein aus der Edition *Symphonie* vom Deutschen Weintor verfeinert diese Vorspeise. Der 2014er *Auxerrois* überzeugt durch ein duftiges, blumiges Bukett. Im Geschmack nussig mit Anklängen von Pfirsich und Melone. Oder der mineralisch geprägte und finessenreiche 2014er *Auxerrois Edition* vom Weingut Zimmerlin. Gelbe Früchte wie Quitte und Mirabellen erobern den Gaumen. Dazu besticht dieser Wein durch seinen fruchtigen, würzigen und nachhaltigen Ausklang.

TIPP: Die Marinade aus Olivenöl, Zitronensaft, Knoblauch, Salz und Zucker eignet sich auch hervorragend für andere Antipasti-Gemüse wie gegrillte Paprika (ohne Haut) oder Zucchini. Als sommerliches Abendessen mit frischem Weißbrot und einem leichten Weißwein ein Hochgenuss!

ERMITTELTE UND FEST-GENOMMENE SPAGHETTI

mit Pesto Mafioso

ERMITTELTE UND FESTGENOMMENE SPAGHETTI

mit Pesto Mafioso

ZUTATEN FÜR 4 PERSONEN
4 Knoblauchzehen
1 Bund Basilikum
6 reife Tomaten
50 g gemahlene Mandeln
3–4 EL Olivenöl
Salz
400 g Spaghetti
Parmesan, Pecorino oder
Ricotta zum Servieren

ZUBEREITUNG

Den Knoblauch schälen und fein reiben. Basilikum waschen, trocken tupfen und grob hacken. Die Tomaten mit heißem Wasser überbrühen und die Haut abziehen. Danach entkernen, abtropfen lassen und in feine Würfel schneiden.

Tomatenwürfel mit Knoblauch, Basilikum und Mandeln mischen und Olivenöl unterarbeiten. Das Pesto mit Salz abschmecken.

Spaghetti in kochendem Salzwasser bissfest garen. Tropfnass in einer großen heißen Pfanne mit dem Pesto (Menge nach Geschmack) kurz durchschwenken. Eventuell noch etwas heißes Nudelwasser dazugeben.

Mit frisch geriebenem Parmesan, Pecorino oder Ricotta servieren.

PASST GUT DAZU

Ein samtiger und doch würziger Pfälzer Wein mit geschmeidiger Note. Der 2014er *Graue Burgunder* aus der Edition *Symphonie* vom Deutschen Weintor – gewachsen auf Lehm-Löss-Boden – erinnert in seinem Bukett an süße Honigmelonen. Oder der 2014er *Weiße Burgunder* aus der Edition *Alte Reben* vom Weingut Zimmerlin. Sein intensiv fruchtiges Bukett begeistert mit einem Aromenpotpourri tropischer Früchte, daneben Noten von Apfel, Zitrone und einer zarten Würze.

TIPP: Anstelle von frischen Tomaten können auch Dosentomaten verwendet werden. Aber auch hier sollten Kerne und Strunk entfernt und nur das abgetropfte, in Würfel geschnittene Fruchtfleisch verwendet werden.

HANDFESTE BEWEISTORTE

mit mediterranem Gemüse und Parmesankruste

HANDFESTE BEWEISTORTE

mit mediterranem Gemüse und Parmesankruste

ZUTATEN FÜR 4 PERSONEN

Für die Pfannkuchen:
250 ml Milch
80 g Buchweizenmehl (oder anderes Vollkornmehl)
20 g flüssige Butter
Prise Salz
Butterschmalz

Für die Parmesankruste:
50 g frisch geriebener Parmesan
60 g Sahne
1 Eigelb
Salz und Pfeffer

Für die Füllung:
2–3 Schalotten
1 Knoblauchzehe
1 rote Paprikaschote
1 gelbe Paprikaschote
1 Zucchini
1 Aubergine
2 EL Olivenöl
1 EL Tomatenmark
Chili, Salz
1 Dose gehackte Tomaten
½ Bund Basilikum
120 g frisch geriebener Parmesan

ZUBEREITUNG

Milch, Mehl, flüssige Butter und Salz zu einem glatten Teig verrühren und in einer Pfanne mit Butterschmalz zu 6 Pfannkuchen ausbacken.

Für die Füllung die Schalotten und den Knoblauch in feine Würfel schneiden. Die Paprika waschen, längs vierteln, entkernen, mit dem Sparschäler schälen und in kleine Würfel schneiden. Zucchini und Aubergine ebenfalls waschen, putzen und in kleine Würfel schneiden. Schalotten und Knoblauch in Olivenöl glasig dünsten, Gemüsewürfel dazugeben. Alles gut anbraten, dann das Tomatenmark unterrühren. Mit Salz und Chili würzen, ein Viertel der Tomatendose angießen und bei mittlerer Hitze kurz einköcheln lassen, bis die Flüssigkeit fast verdampft ist.

Das Basilikum waschen und trocken tupfen. Eine Springform (18 cm Ø) einfetten und einen Pfannkuchen hineinlegen, etwas Gemüsefüllung, 1 EL gehackte Tomaten, ein paar Basilikumblätter und 2 EL geriebenen Parmesan darauf verteilen und mit dem nächsten Pfannkuchen belegen. So weiter fortfahren, bis die Füllung aufgebraucht ist. Mit einem Pfannkuchen abschließen. Sahne aufschlagen, Parmesan, Eigelb, Salz und Pfeffer unterrühren und auf den obersten Pfannkuchen streichen. Etwa 30 Minuten bei 180 °C (Umluft) auf der mittleren Schiene des Backofens backen. Torte in 8 Stücke teilen. Salat oder Sprossen dazu reichen.

PASST GUT DAZU

Rubinrot und mit kräftigem Bukett verwöhnt der 2012er Dornfelder aus der Edition *Symphonie* vom Deutschen Weintor den Gaumen. Vollmundig, samtig weich und mit intensiven Fruchtaromen. Die Barrique-Note rundet diesen Wein im Geschmack perfekt ab. Oder den granatroten, ausgewogenen und mit gut eingebundenen Tanninen 2013er *Spätburgunder Edition* vom Weingut Zimmerlin. Er präsentiert sich mit dem Duft von Himbeere, Kirsche und Schwarzer Johannisbeere.

TIPP: Diese Gemüsetorte lässt sich hervorragend vorbereiten. Pfannkuchen backen, Gemüsefüllung sowie Parmesansahne fertigstellen und alles erst kurz vor dem Backen schichten.

SCHULDIG GESPROCHENER LACHS IN KARTOFFELMANTEL

mit Brokkoli und Rotweinschalotten

SCHULDIG GESPROCHENER LACHS IN KARTOFFELMANTEL

mit Brokkoli und Rotweinschalotten

ZUTATEN FÜR 4 PERSONEN
400 g Kartoffeln
1 Ei
Salz
500 g Brokkoli
1 Eigelb
2–3 EL Semmelbrösel
ca. 120 g Lachs
1 EL Sahnemeerrettich
1–2 EL Butter
etwas Zitronensaft und
etwas abgeriebene Bio-Zitronenschale
Salz, Pfeffer

Für die Rotweinschalotten:
500 g Schalotten
2 EL Butter
500 ml Rotwein
1–2 EL Honig
Salz, Pfeffer, gekörnte Gemüsebrühe

ZUBEREITUNG
Kartoffeln waschen, schälen, in Salzwasser ca. 15–20 Minuten fast gar kochen. Kartoffeln raspeln, das Ei unterrühren und abschmecken. Brokkoli waschen, in Röschen zerteilen (300 g) und in kochendem Salzwasser etwa 3 Minuten blanchieren, dann eiskalt abschrecken. 8 schöne Röschen aufheben, den Rest sehr fein hacken, mit Eigelb und Semmelbrösel vermischen. Mit Salz, Pfeffer, Zitronenabrieb und -saft abschmecken. Lachs in 4 schöne Stücke schneiden.

Zwei Drittel der Kartoffelmasse in 4 Silikonförmchen füllen, Lachsstücke hineinsetzen, mit Sahnemeerrettich bestreichen. Brokkolifarce darübergeben und mit der restlichen Kartoffelmasse abschließen.

Im vorgeheizten Backofen bei 200 °C (Ober-/Unterhitze) ca. 15 Minuten backen. Eventuell Backpapier auflegen, damit die Küchlein nicht zu braun werden. Mit Rotweinschalotten und den in Butter erwärmten Brokkoliröschen servieren.

ZUBEREITUNG ROTWEINSCHALOTTEN
Schalotten pellen und halbieren. Die Butter erhitzen, Schalotten zugeben und ein wenig weich dünsten. Mit Rotwein ablöschen, Honig zugeben und alles 20–30 Minuten leicht köcheln lassen. Mit Salz, Pfeffer und Gemüsebrühe abschmecken.

Die Rotweinschalotten schmecken noch besser, wenn man sie am Vortag zubereitet und kurz vor dem Servieren erneut erwärmt.

PASST GUT DAZU
Der 2012er Spätburgunder aus der Edition *Symphonie* vom Deutschen Weintor wurde im Barriquefass gelagert und erobert den Gaumen mit einer milden Säure. Mit Duft nach Kirschen, Brombeeren, Schwarzen Johannisbeeren und Himbeeren. Oder ein mineralischer Wein durch die Reifung in französischen Barriquefässern mit kraftvoller Tanninstruktur ist der 2012er Spätburgunder aus der Edition *Alte Reben* vom Weingut Zimmerlin. Ein ausgewogener Wein mit dem Duft von Kirschen, Schwarzen Johannisbeeren und einem Hauch von Minze.

SÜSSER TROST HINTER GITTERN

Warme Schokoladenküchlein mit Eispraline und frischen Früchten

ZUTATEN FÜR 4 PERSONEN

Butter und Zucker für die Förmchen
100 g Zartbitterschokolade (mind. 70 %)
100 g Butter
4 Eier
150 g Zucker
Prise Salz
40 g Mehl
4 Kugeln Vanilleeis
4 EL Haselnusskrokant
frische Früchte

ZUBEREITUNG

Kleine Auflaufförmchen ausbuttern, mit Zucker ausstreuen und kühl stellen. Schokolade und Butter bei geringer Hitze in einem Topf unter Rühren schmelzen und von der Herdplatte nehmen. Eier mit Zucker schaumig schlagen und eine Prise Salz hinzufügen. Vorsichtig die abgekühlte Schokoladenbutter unterrühren und Mehl unterheben. Die Auflaufförmchen zu drei Vierteln füllen und wieder kühl stellen. Erst kurz vor dem Servieren im vorgeheizten Backofen bei 180 °C (Ober-/Unterhitze) ca. 8–10 Minuten backen. Die luftigen Schokoladenküchlein mit flüssigem Kern am besten in der Form servieren.

Vanilleeiskugeln in zerstoßenem Haselnusskrokant wälzen und mit den Früchten in einem kleinen Schälchen extra servieren.

PASST GUT DAZU

Der *Chocolat Cru Liqueur* aus der Destillerie Große-Hartlage in Leinsweiler wird aus Original Venezulanischen Valrhona Kakaobohnen komponiert und ist jedes Verbrechen wert. Oder ein Geist aus wilden Himbeeren von den Südhängen der Karpaten, im Brennprozess – ebenfalls von der Destillerie Große-Hartlage – zu einem perfekten *Wald-Himbeer-Geist* gebändigt. Eine einzigartige Kombination von Wildheit in der Nase und sanftem Fluss auf der Zunge hin bis zum nicht enden wollenden Finale.

»EIN KLUGER, ABER AUCH SEHR BÖSER PLAN!«

Agatha Christie – Miss Marple

Bedienung bitte!

IT'S TEA TIME!

Während die sogenannten »hard-boiled« Detektive aus amerikanischen Kriminalromanen oder -filmen gerne allein, manchmal auch mit einem Barmann bei Bier oder Whiskey über ein Verbrechen oder die Welt an sich sinnieren, erfährt eine kleine alte Dame aus dem fiktiven St. Mary Mead namens Miss Jane Marple alles Wissenswerte oft beim »Ratsch und Tratsch um halb vier«, der Tea Time. Dieser Begriff wird nur außerhalb Großbritanniens verwendet, denn dort wird zu jeder Tages- und Nachtzeit Tee getrunken. Doch am Nachmittag wird bis heute – ähnlich wie bei uns Kaffee mit Kuchen – Tee mit ein paar Keksen serviert. Nur zu besonderen Anlässen oder am Wochenende wird der »Afternoon Tea« oder »High Tea« zelebriert.

Der Legende nach geht die Tea Time auf das frühe 19. Jahrhundert zurück. Anna, die 7. Duchess of Bedford, verspürte regelmäßig Hungergefühle zwischen Mittag- und Abendessen und ließ sich am Nachmittag einen Imbiss in ihrem Boudoir servieren. Regelmäßig lud sie weibliche Gäste dazu ein und ließ Kuchen, Gebäck und belegte Toastbrote reichen.

Auch bei uns wird mittlerweile in vielen Hotels oder Cafés eine Tea Time angeboten; fehlen dürfen dabei auf gar keinen Fall Scones mit der Spezialität aus England: der Clotted Cream, einem dicken festen Rahm aus Kuhmilch. Fehlen dürfen auch nicht die kleinen mundgerechten Sandwiches, deren Erfindung auf den 4. Earl of Sandwich zurückgehen soll, der beim Kartenspiel nicht für eine Mahlzeit unterbrochen werden wollte (er korrigierte es später selbst, dass es nicht beim Kartenspiel, sondern eher bei der Arbeit an seinem Schreibtisch war). Er ließ sich von seinem Butler Bratenaufschnitt zwischen zwei Brotscheiben bringen und begründete so 1762 die Geburtsstunde des Sandwichs.

EXTRA I: 16 Uhr 50

GEFÄHRLICH GUTES GEBÄCK

Scones waren nicht nur bei Miss Marple ein sehr beliebtes Gebäck zum Tee, sondern werden bis heute traditionell noch warm mit Clotted Cream und roter Marmelade zum »Cream Tea« gereicht und schmecken mörderisch lecker. Das Wort »scone« wurde wohl aus dem Niederländischen *schoonbrood* (»Schönbrot«, Brot aus feinem Mehl) zunächst in das Scots entlehnt und fand von dort im 19. Jahrhundert den Weg in die englische Sprache. Scones, wie wir sie heute kennen, gibt es erst seit Erfindung des Backpulvers. Zuvor wurden Scones statt im Backofen in der Pfanne gebraten und ähnelten eher dicken Pfannkuchen als kleinen Brötchen.

SCONES

Englisches Teegebäck

ZUTATEN FÜR CA. 8 SCONES
225 g Mehl
2 leicht gehäufte TL Backpulver
Prise Salz
40 g Zucker
75 g weiche Butter
50 g Rosinen (oder gehackte Walnüsse)
3–4 EL Buttermilch

ZUBEREITUNG
Das Mehl sieben und mit Backpulver, Salz und Zucker mischen. Butter mit den Fingern einarbeiten, bis die Mischung krümelig aussieht. Rosinen (oder gehackte Walnüsse) dazugeben und mit Buttermilch zu einem glatten Teig verkneten.

Den Teig auf einer bemehlten Arbeitsfläche circa 2 ½ cm dick ausrollen, Scones (ca. 5–6 cm Ø) ausstechen, auf ein mit Backpapier ausgelegtes Backblech setzen und bei 220 °C (Ober-/Unterhitze) etwa 10–12 Minuten auf der oberen Schiene goldbraun backen.

Scones noch warm mit Clotted Cream (ersatzweise Creme double) und Erdbeer- oder Himbeermarmelade servieren.

PASST GUT DAZU
Schwarzer Tee mit/ohne Milch und Zucker.

TIPP: Zu einem Original »Cream Tea« gehören natürlich noch kleine Kuchenstückchen, Gurken-, Eier- und/oder Lachs-Sandwiches.

»MEIN NAME IST BOND.
JAMES BOND.«

Ian Fleming – James Bond

GESCHÜTTELT, NICHT GERÜHRT – WARUM EIGENTLICH?

In Ian Flemings Roman *Casino Royale* bestellt Geheimagent James Bond einen trockenen Martini, doch er hat sein ganz spezielles Rezept: »Drei Maß Gordon's, ein Maß Wodka und ein halbes Maß Kina Lillet. Gut schütteln, bis es eiskalt ist, und dann ein langes, dünnes Stück Zitronenschale dazu. Mitbekommen?«

Diese Sätze richtet in der gleichnamigen Verfilmung auch Daniel Craig alias James Bond über 50 Jahre nach der Romanveröffentlichung fast wortwörtlich an den Barmann. Andere schließen sich dieser Bestellung an, nur Felix Leiter fügt hinzu: »Bringen Sie mir auch einen, aber ohne das Gemüse!«

Der *Martini Dry* ist ein klassischer Cocktail und zählt als trockener Shortdrink zu den Aperitifs. In der Regel besteht er aus Gin und trockenem französischen Wermut, allerdings nicht zu verwechseln mit der gleichnamigen italienischen Wermut-Marke.

Vertreter der klassischen Martini-Trinkkultur würden ihn nie schütteln. Er wird zwar dadurch schneller kalt, aber auch zunächst trüb und klärt erst kurze Zeit später wieder auf. Doch – man höre und staune – Wissenschaftler fanden heraus, dass geschüttelte Martinis eine stärkere Zellschutzwirkung haben!

Der Autor und 007-Erfinder Ian Fleming, selbst teilweise als Spion tätig, lässt diesem »gesunden« Drink durch seinen Helden allerdings noch Wodka hinzufügen und macht ihn somit wohl zu einem der berühmtesten Mixgetränke aller Zeiten.

Bond trinkt vor dem Abendessen nie mehr als ein Glas, »das aber muss groß, sehr kräftig, sehr kalt und ordentlich gemacht sein. Für mich gibt es nichts Schlimmeres als kleine Portionen von was auch immer, sogar wenn sie schlecht schmecken. Dieser Drink ist meine eigene Erfindung. Ich werde ihn patentieren lassen, wenn mir ein guter Name einfällt.« Und diesen Namen bekommt der Drink in der Verfilmung von *Casino Royale*: Vesper. Den Namen der Frau, die James Bond liebt. Und auf die Frage des Barkeepers bei seiner dritten Bestellung des Cocktails: »Geschüttelt oder gerührt?«, entgegnet Bond mit der einzig richtigen Antwort: »Sehe ich aus, als ob mich das interessiert?«

PETER KAISER

Extra II: 20 Uhr 15

EIN FALL IN ROT-WEISS

Verbrechen können sich lohnen. Auf jeden Fall im deutschen Fernsehen. Der Krimi rangiert noch weit vor allen anderen Formaten. Rund 19 Stunden Mord und Totschlag werden täglich gesendet, und schnell stellt man beim Zuschauen fest, dass Fernsehkommissare eher selten Sterne-Menüs genießen. Sie ernähren sich von Lieferservice-Pizza, Frikadellen oder Currywurst mit Pommes. Bei laufenden Ermittlungen wird schnell zwischendurch etwas gegessen, wie bei echten Polizisten oftmals eben auch. Und wenn der Täter gefasst wurde, gönnt man sich auch mal ein Bier.

fish to fry!
Fish and Chips
18/10

CURRYWURST

mit Kartoffel-Wedges

ZUTATEN PRO PERSON
2–3 Kartoffeln
2 EL Olivenöl
Salz
1 Bratwurst
Currypulver
Curryketchup

ZUBEREITUNG
Kartoffeln waschen, sauber bürsten und längs in keilförmige Stücke schneiden. Mit Olivenöl bepinseln, salzen und auf ein mit Backpapier belegtes Blech legen. Im vorgeheizten Ofen bei 220 °C (Heißluft) auf der mittleren Schiene etwa 20–30 Minuten backen.

Curryketchup erwärmen. Bratwurst in der heißen Pfanne braten, in mundgerechte Stücke schneiden. Mit dem Ketchup und Currypulver servieren.

PASST GUT DAZU
Ein frisch gezapftes, kühles Pils oder ein ganz besonderes Bier, *Aleysium No. 2* – ein India Pale Ale. Das kräftig gehopfte, bitter-fruchtige Ale vom Bierzauberer, das besonders gut zu kräftig gewürzten Sachen schmeckt.

»IRGENDWANN, MÖGLICHERWEISE ABER AUCH NIE, WERDE ICH DICH BITTEN, MIR EINE KLEINE GEFÄLLIGKEIT ZU ERWEISEN.«

Mario Puzo – Don Corleone (*Der Pate*)

DIE FASZINATION DES BÖSEN

Schon in der Bibel ging es um Mord und Totschlag, und auch die großen Dramen der Antike handelten von Mördern und ihren Taten. Doch den ersten großen Bestseller landete der Pariser Jurist François Gayot de Pitaval mit seinen Aufzeichnungen wahrer Kriminalfälle, und bis heute nennt man solche Sammlungen »Pitaval«. Auch die Deutschen bereicherten das Genre der Kriminalliteratur. Schillers *Räuber*, von Kleists *Michael Kohlhaas*, von Droste-Hülshoffs *Judenbuche* oder E. T. A. Hoffmanns *Das Fräulein von Scuderi* sind die Vorläufer zu den Kriminalnovellen eines Wilkie Collins, *Die Frau in Weiß,* oder eines Edgar Allen Poe, der mit seiner Romanfigur Auguste Dupin große Bekanntheit erlangte. *Der Doppelmord in der Rue Morgue* gilt als eine der ersten Kriminalgeschichten und sollte richtungsweisend für das gesamte Genre werden.

Ein Klassiker der Kriminalliteratur ist die Figur Sherlock Holmes von Sir Arthur Conan Doyle, genauso wie Miss Marple und Hercule Poirot von Agatha Christie und Kommissar Maigret von George Simenon. Als erster deutschsprachiger Kriminalromanautor gilt Friedrich Glauser, der Wachtmeister Studer als Ermittlerfigur erfand. In Amerika prägten Dashiell Hammett mit Sam Spade und Raymond Chandler mit Philip Marlowe den »hard-boiled« Detektiv, bei dem die Lösung des Falles nicht mehr unbedingt im Vordergrund stand. Es folgten Spionage- und Agentenromane, historische Kriminalromane, Gerichts- und Pathologenkrimis und, nicht zu vergessen, jede Menge Thriller, bei denen ein Happy End nicht unbedingt garantiert ist. Ermittler waren oder sind Polizisten, Privatdetektive, Journalisten, Gerichtsmediziner, Mönche, Henker oder einfach nur ganz normale Menschen, die per Zufall in einen Mordfall verwickelt werden. Eines haben alle Ermittlerfiguren jedoch gemein: Sie sind unverwechselbar und einzigartig. … und warum lesen wir Krimis?

Vereinfacht gesagt, liegt es am menschlichen Grundbedürfnis nach Gerechtigkeit und dem Besiegen der eigenen Angst. Ein Fall wird gelöst, der Verbrecher gefasst. Am Ende eines Buchs oder eines Films ist die Welt wieder in Ordnung … bis zum nächsten Krimi.

Mit herzlichen Grüßen
syndikat
AUTOR
geb.:
cm
Vorname:
Länge:
kg
Gewicht:
Fall-Nr.:

»FORENSISCHER PATHOLOGE! ICH KANN SIE GERN BEHANDELN. ALLERDINGS MÜSSTE ICH SIE VORHER UMBRINGEN.«

Professor Dr. Karl-Friedrich Boerne – Tatort Münster

EXTRA III: 0 Uhr 00

BOMBENSTIMMUNG

Bunte Badebomben eignen sich wunderbar als Mitbringsel für Krimifans. Dazu vielleicht noch der neueste Krimi des Lieblingsautors, und das Geschenk ist perfekt. Doch warum sich selber nicht auch ab und an einen Badezusatz aus absolut natürlichen Zutaten gönnen? Verleihen Sie Ihrem ganz persönlichen Krimitag das gewisse Prickeln. Sei es nach den Vorbereitungen zu einem Krimimenü oder als Entspannung danach.

Ob schlicht und entspannend, blumig sprudelnd voller Blüten oder eindrucksvoll mit extravaganten Farben und Düften … Sie bestimmen die (Beweis-)Mittel – und das völlig legal!

Die fertige Badebombe einfach in die gefüllte Wanne fallen lassen und die sprudelnde Explosion von Düften und Farben genießen.

SELBST GEMACHTER BADESPASS

Die kleine Erholung danach oder zwischendurch

ZUTATEN
200 g Natron
100 g Zitronensäure
50 g Maisstärke
5 EL Mandelöl
20 Tropfen ätherisches Öl
Speisefarbe (z. B. Rote-Bete-Pulver) und
Blütenblätter nach Belieben

ZUBEREITUNG

Natron, Zitronensäure und Maisstärke miteinander mischen. Mandelöl und ätherische Öle zufügen und alles mit den Fingern zu einer geschmeidigen Masse verkneten (wie weicher Mürbeteig). Sollte der Teig zu flüssig sein, noch etwas Stärke hinzugeben; wenn er zu fest sein sollte, noch etwas Öl beimengen.

Nun die Masse nach Belieben einfärben, getrocknete Blütenblätter untermischen und entweder per Hand zu Kugeln (ca. 5 cm Ø) formen oder in kleine Förmchen pressen und eine Woche trocknen lassen.

TIPP: Statt Öl kann man auch geschmolzene Kakaobutter verwenden, dann werden die Kugeln nach dem Trocknen fester und poröser.

Alle Zutaten gibt es in der Apotheke oder im Drogeriemarkt.

DESCRIPTION DE LA MISSION :
NT :
CONFIDENTIAL
TOP SECRET
CONFIDENTIAL
STRENG GEHEIM
geklaut beim syndikat
STRENG GEHEIM

DIE VORLADUNG:

Absolute Geheimsache

Ob DVD-, Rätsel- oder Spieleabend: Lassen Sie bei der Einladung zum Krimiabend Ihrer kriminellen Energie freien Lauf! Ausgeschnittene Buchstaben aus einer Zeitung oder einer Zeitschrift lassen sich mit ein paar Handgriffen in einen »freundlichen Erpresserbrief« verwandeln. Oder nehmen Sie farbige Karten und verzieren Sie diese mit Ihrem Fingerabdruck und einem »TOP SECRET«. Im Nu ist eine unverwechselbare und ganz persönliche Einladung entstanden.

Ihr Zuhause wird zum (Tat-)Ort eines konspirativen Treffens, aber vergessen Sie nicht, Ihre Gäste darum zu bitten, weder einen Rechtsanwalt noch die Polizei einzuschalten, dafür aber einen Mordshunger mitzubringen. Absagen zum »Gerichts-«Termin können die Vorgeladenen selbstverständlich nur schriftlich und unter Angabe triftiger Gründe einreichen!

Sie werden schnell feststellen, Ihre Einladung ist ein Angebot, das niemand ablehnen kann …

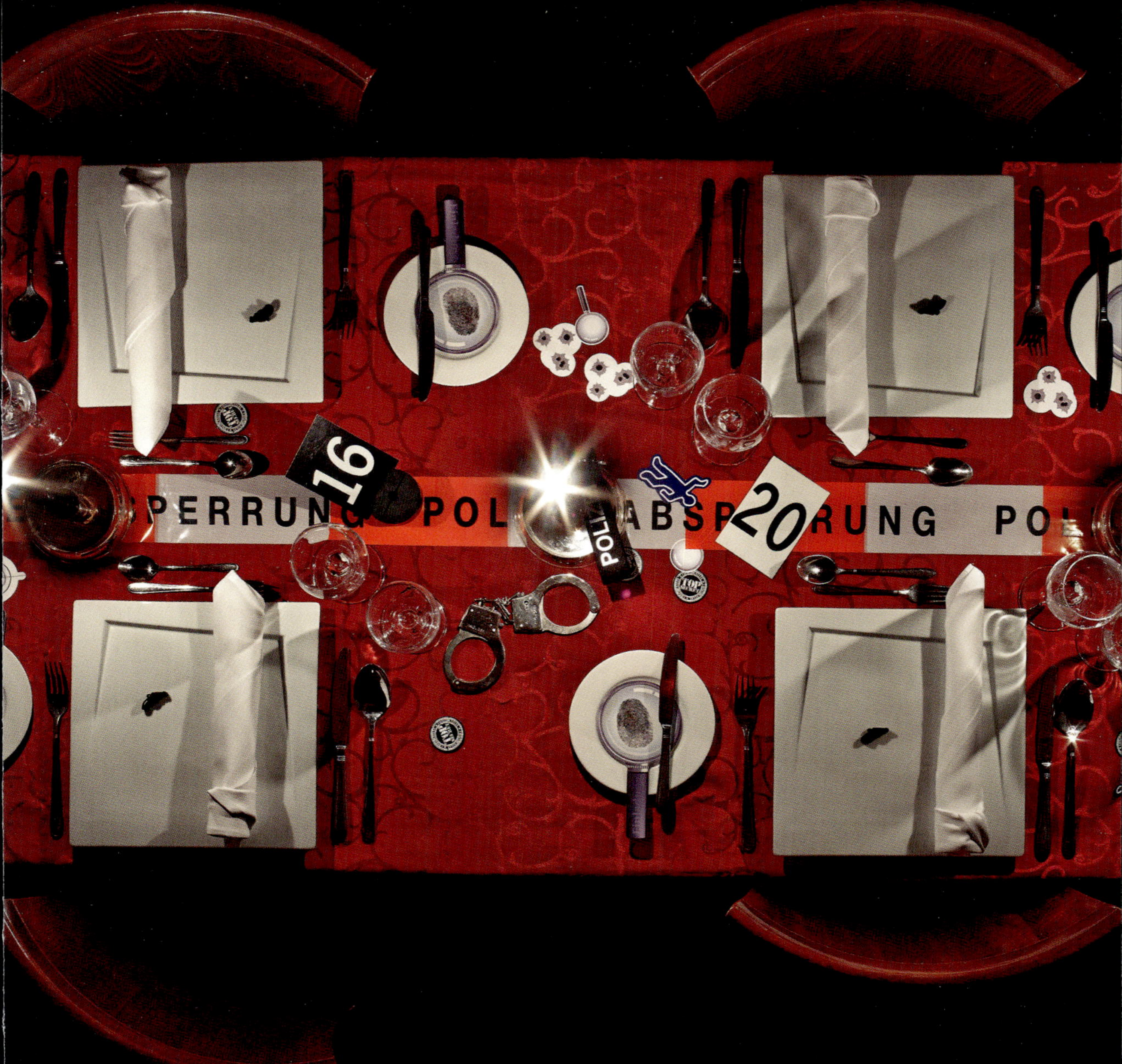
16
SPERRUNG POL
POLI
ABSP
20
RUNG POL

DER TATORT:

Der gedeckte Tisch

Stilvoll einen Krimiabend zu gestalten bedarf keiner allzu großen Vorbereitung. Mit ein bisschen Fantasie und Kreativität wird aus Ihrem Esstisch ein geschmackvoller Krimitisch. Eine rote Tischdecke, ein Stück Polizeiabsperrband und ein Paar Handschellen, dazu hübsche Kerzenständer mit farblich passenden Kerzen. Im Handumdrehen schaffen Sie einen perfekten Ort für ein gemütliches Beisammensein. Diese und viele zusätzliche Accessoires finden sich im Laden für Partybedarf oder können auch schnell selbst hergestellt werden. Aus weißem Pappkarton Rechtecke (23 x 7,5 cm) ausschneiden, einmal in der Länge falten, auf Vorder- und Rückseite fortlaufend Nummern mit einem schwarzen Stift malen, und schon sind Ihre Gäste am Ort eines Verbrechens. Im Zuge der Globalisierung wurde zwar mittlerweile das klassische deutsche Flatterband, wie man es auch auf Baustellen findet, bei der Polizeiarbeit blau-weiß und die Tatortzeichen, wie in den USA, gelb-schwarz. Aber mit der Farbkombination rot-schwarz-weiß, auch bei Geschirr und Servietten, sind Sie immer auf der sicheren Seite.

»ES GIBT NICHTS TRÜGERISCHERES ALS EINE OFFENKUNDIGE TATSACHE.«

Sir Arthur Conan Doyle – Sherlock Holmes

»EINE IM BACKOFEN AUFGEWÄRMTE TIEFKÜHL-PIZZA SPÄTER NAHM ICH MIR VOR, MEINE ERNÄHRUNG GRUNDLEGEND ZU ÄNDERN.«

Jürgen Kehrer – Georg Wilsberg

3

4

»HIER JIM ROCKFORD. BITTE IHREN NAMEN, RUFNUMMER UND IHRE NACHRICHT, ICH RUFE ZURÜCK.«

Jim Rockford

»WISSEN SIE, BEVOR ICH KAFFEE GETRUNKEN HABE, BIN ICH ZWAR DA, ABER ICH BIN NICHT GANZ DA.«

Inspector Columbo

»ICH GOSS MIR SO VIEL EIN, BIS MEIN DRINK EIN DRINK WAR.«

Raymond Chandler – Philip Marlowe

»IRGENDWIE FINDE ICH DIE IDEE SPANNEND.«

Thomas Raab – Adrian Metzger

»ICH MAG DEN HAUCH VON PEPERONCINO.«

Donna Leon – Guido Brunetti

»MICH INTERESSIEREN AUCH DIE FINSTEREN SEITEN.«

Doris Gercke – Bella Block

»FÜNF BIER SIND AUCH EIN SCHNITZEL!«

KHK Freddy Schenk – Tatort Köln

»DANKE, ICH BIN MORGENS EHER JOGHURT-MÄSSIG DRAUF.«

KHK Charlotte Lindholm – Tatort Niedersachsen

DIE FAHNDUNG:

Spurensuche zu Hause

Lassen Sie sich von Ihrem Lieblingsfilm, -buch oder Ihrer bevorzugten Krimiserie inspirieren und gestalten passend dazu die Dekoration. Ob *Mord im Orientexpress*, *CSI* oder *Tatort*, ob konspiratives Agenten- oder Detektivtreffen – zu jedem erdenklichen Krimithema findet sich die passende Dekoration. Mit wenigen Handgriffen wird aus der Kuschelecke ein Tatort. Lupen, Einschussloch-Haftbilder, Detektiv-Streudeko, Polizeiausweis, Gegenüberstellungswand, wie es sie bei vielen Partyversandfirmen gibt, dazu rot-weißes Absperrband aus dem Baumarkt oder alte Apothekerflaschen vom Flohmarkt schaffen eine rätselhafte Atmosphäre.

Und die möglichen Tatwaffen? Schauen Sie in Ihre Schubladen: Küchenmesser in allen Größen, ein Fleischklopfer und ein Hackebeil. Dazu Pistolen und Handschellen – natürlich in Form von Spielzeugartikeln – ergänzen die Wohnungsdekoration kriminalistisch und mysteriös.

Ideen, um einen Krimiabend (ent-)spannend zu gestalten, gibt es viele. Alltägliche Gegenstände wie ein altes Handy, eine verbogene Brille oder eine zerbrochene Tasse werden zu Beweismitteln. Bleiben Sie aber in der gewählten Themenwelt. Ob Mafia-, Bond- oder Alpenkrimiabend … wie im echten Krimi gilt: Weniger ist manchmal mehr.

007

CRIME SCENE
HAZARDOUS WASTE

DIE STRAFTAT:

Spannende Krimispiele

Die Auswahl an Krimispielen ist enorm. Alles ist möglich: vom Krimi-Memory und -Puzzle über die Jagd nach dem großen Unbekannten (z. B. *Scotland Yard* oder *Cluedo*) bis hin zum Rollenspiel, bei dem jeder der Gäste – und auch Sie als Gastgeber – für einen Abend in einen schillernden Charakter mit finsterem Geheimnis schlüpfen kann. Aber denken Sie daran: Hier versuchen Ihre besten Freunde, Sie zu täuschen und hinters Licht zu führen!

Mit diversen Quizspielen können Sie das Krimiwissen aller Gäste unter Beweis stellen oder Ihre Freunde zu einem Ermittler-»Was bin ich?« einladen. Hierbei erhält jeder ein kleines Post-it und schreibt einen bekannten Ermittler oder eine bekannte Ermittlerin darauf, klebt es an die Stirn eines anderen und muss durch Fragen, die nur mit Ja oder Nein beantwortet werden dürfen, erraten, WER man selbst ist.

verfolgt,
verhört,
verhaftet

Stadt-Land-Crime
A–Z
Ermittler
Kriminalroman
Kriminalautor
Film/Serie
Nebenpersonal
Tatwaffe

Raymond Chandler

KRIMI-KÜCHE
Le Diner Mortel
Andrea Köhrsen
POCKET QUIZ
KRIMINAL
LITERATUR
moses.
von Sonja Klein
AUF DER FLUCHT
Krimi-Kartenspiel
für zwei Ermittler
GMEINER
moses.

DIE ERMITTLUNG:

Verhaftete Outfits

Ob als Pate von Chicago oder Unterwelt-Lady, als Detektiv auf Spurensuche oder als Staatsanwältin vor dem hohen Gericht – für jeden Geschmack findet sich schnell und unkompliziert das passende Outfit. Sie wählen das Motto und lassen dann Ihre Gäste in Rollen schlüpfen.

Bei einer mörderischen Dinnerparty, die vielleicht mit einem alten, aber originellen Krimi-Gesellschafts- oder Quizspiel, einer DVD oder einem Hörspiel begonnen wird, sind Sie im Columbo-Trenchcoat, im englischen Tweed oder einer Schimanski-Jacke, je nach dem Motto des Abends, kriminell gut angezogen. Und im Jackett frei nach Don Corleone oder dem kleinen Schwarzen für die Dame machen Sie immer eine gute Figur.

Und wenn Sie sich nicht verkleiden, aber dennoch passend zum Krimi-Thema angezogen sein möchten, dann greifen Sie doch einmal zu außergewöhnlichen Kleidungsstücken. Solchen, die im Gefängnis hergestellt wurden. Mit dem Kauf dieser Sachen unterstützen Sie nicht nur die Werkstätten in Gefängnissen, sondern tun auch gleichzeitig ein gutes Werk, wie bei den T-Shirts von Santa Fu, dem Hamburger Männergefängnis. Hier geht der Erlös an den Weißen Ring e. V.

32X34
32X34
32X34
PRSN BLU
USA

Sherlock
Watson,
I AM
SHER
LOCKED

LEBENS-
LÄNGLICH!

Krimifans zeigen sich stilecht mit Taschen aus alten Polizeiuniformen oder mit eingeprägter Pistole. Und mit Jeans oder Shirts aus dem Knast sind Sie auf der sicheren Seite!

CRIME LADY
GEHEIM WAFFE
SCHOKO KILLER
UNDER COVER
ars vivendi
UNDER COVER

DAUNER
KAFFEERÖSTEREI
Killerkakao
Mörderisch leckerer Kakaogenuss
Kakao 33% mit Vanille

HALT
POLIZEI

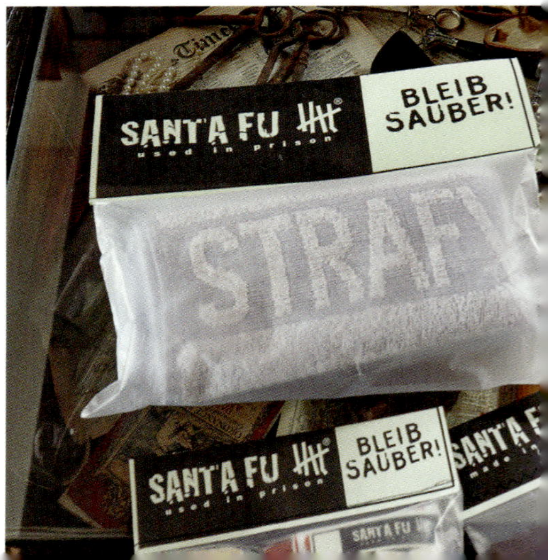
SANTA FU
used in prison
BLEIB SAUBER!
SANTA FU
used in prison
BLEIB SAUBER!

DIE BEWEISMITTEL:

Sichergestellte Geschenke

So fängt der Abend gut an: den Gastgebern eine Freude bereiten. Etwas, das den Abend versüßt, das bestechend originell, aber vor allem überraschend ist. Eine kleine Aufmerksamkeit als Dankeschön für die interessanten Stunden, die vor einem liegen.

Einen Killer-Kakao mit einer Krimi-Tasse, Lakritze in Pistolenform, eine Flasche blutroten Wein, kriminelle Schlüsselanhänger oder ein Spiel für kurzweilige Abende, die lange in Erinnerung bleiben. Oder einen schon lange ersehnten Krimi in passender Tasche.

Auch Gefängnis-Shops, wie zum Beispiel der von Santa Fu in Hamburg, haben jede Menge Geschenke auf Lager, die perfekt zu einem Krimiabend passen.

DIE AUGENZEUGEN:

Kriminelle Filme

Es gibt kein Filmgenre, das so umfangreich ist wie der Kriminalfilm. Ob Thriller à la Hitchcock, Polizei-, Gangster-, Gefängnis- oder Gerichtsfilm – für jeden Krimifan ist etwas dabei! Wird auf der großen Leinwand oftmals das spektakuläre Verbrechen dargestellt – etwa der Serienkiller oder die politische Intrige –, spielen im Fernsehen eher die Geschichten des Alltags die Hauptrolle. Immer steht jedoch ein Verbrechen und dessen Aufklärung durch eine Ermittlerfigur oder ein Ermittlerteam im Zentrum; sei es nun *Ein starkes Team*, *Wilsberg*, *Columbo*, *Bella Block*, *Kommissarin Heller* oder Ihr ganz persönlicher Lieblingsermittler bzw. Ihre Lieblingsermittlerin: Sie alle sind als DVD im Handel erhältlich und sorgen für einen spannenden Krimiabend.

1. **Der Pate 1 & 2**
... unvergessen mit Marlon Brando!

2. **James Bond 007 Die Jubiläums-Collection**
... alle 23 Missionen!

3. **Hercule Poirot- oder Agatha Christie-Edition**
... ein bisschen Nostalgie!

4. **Hitchcock-Collection**
... einfach immer wieder nur gut!

5. **Sherlock – Staffel 1 & 2**
... ein Klassiker neu belebt!

6. **Eine Leiche zum Dessert**
... mit Peter Falk – ein Krimi-Genuss!

DIE ANHÖRUNG:

Spannende Musik und Hörbücher

KRIMINALTANGO
Krimi-Musik aus den 60ern

BOOGALOO
LUV N CRIME – Die Krimi-Klassiker

KNAST LIVE
Originalstimmen, Lieder und Geräusche aus Santa Fu

TATORT
Die beste Musik aus 500 Folgen

BRIGITTE – Starke Stimmen
Die Editions-Box »Die Krimis – Gefährlich nah«
Krimi-Tatort Deutschland mörderisch stark gelesen

ANDERS ALS DIE ANDERN
Der Fall Tschaikowsky
Krimis in Dur und Moll

POLIZEIRUF 110
Musik aus 30 Jahren der Serie

DER PATE
Soundtrack des Films

MORDSKLÄNGE
Die Musik zum Skandinavien-Krimi

DAS VORSTRAFEN-REGISTER:

Tödliche Buchtipps

Kriminalromane gibt es in allen Varianten, von den Klassikern wie Christie, Simenon, Hammett über aktuelle Bestseller bis hin zum Heimatkrimi. Unglaublich spannend sind allerdings auch Krimi-Kochbücher wie *Mira kocht* von Eva Rossmann, die Autorin und Köchin ist und Rezepte aus ihren Kriminalromanen zusammengestellt hat. Oder *Brunos Kochbuch* mit Rezepten zu den kulinarischen Krimis von Martin Walker. In *Mahlzeit!* lernen Sie die Lieblingsrezepte des Allgäuer Kommissars Kluftinger kennen, und in *Das letzte Gericht*, was Prominente vor ihrem freiwilligen oder unfreiwilligen Ableben verspeist haben. Und ganz klassisch ist natürlich der Agentenroman mit Rezepten *Es muss nicht immer Kaviar sein* von Johannes Mario Simmel.

Tödlich gut
Kommissare am Herd: Die Lieblingsrezepte der Fernsehstars

Die geheimen Rezepte der Mafia
Don Coltello

Bei den Brunettis zu Gast
Roberta Pianaro/
Donna Leon

Huhn in Handschellen
Das Knast-Kochbuch

Mordsappetit (Hrsg. Angela Eßer)
Mörderische Geschichten mit Rezepten

Andrea Camilleris sizilianische Küche
Martina Meuth/
Bernd Neuner-Duttenhofer

Top(f) Secret
Die »Geheimrezepte« des Bundesnachrichtendienstes

DIE MENÜTHEKEN

Ideen und Inspiration für einen schönen Abend

Was ist schöner als ein Abend mit Freunden? Ein Themenabend mit Freunden! Warum, ist einfach erklärt: Mottopartys sind ideale Gelegenheiten, ein ausgewähltes Thema selbst zu interpretieren, mit eigenen Ideen zu gestalten und gemeinsame Interessen zu vertiefen. So sind Spaß, beste Laune und gute Unterhaltung von Anfang an garantiert.

Authentische Rezepte, passende Drinks, originelle Dekotipps, anregenden Gesprächsstoff, stimmige Kleidungsvorschläge sowie Ideen für Einladungskarten, Musik, Filme, Spiele und Gastgeschenke – all das und vieles mehr finden Sie perfekt aufbereitet in den Bänden der *Menüthek*-Reihe.

Freuen Sie sich auf einen unvergesslichen Abend, der bei Ihren Gästen noch lange Thema bleibt und den auch Sie als Gastgeber entspannt genießen können.

Wir wünschen Ihnen viel Spaß bei den kurzweiligen Vorbereitungen, guten Appetit und vergnügliche Stunden!

Weitere nützliche Infos, Tipps und Downloads gibt es übrigens auf

www.menuethek.de

menüthek
Almhütte
EIN PERFEKTER THEMENABEND
menüthek
Fußball
Ein perfekter Themenabend
Mit Fingerfood, Fan-Gesang, jeder Menge Fun und allem, was dazugehört ...
menüthek
Landlust
EIN PERFEKTER THEMENABEND
menüthek
ÖSTERREICH
Ein perfekter Themenabend
menüthek
BIER
Ein kreativer Themenabend rund um den Gerstensaft
menüthek
KRIMI
Ein perfekter Themenabend

BILDNACHWEIS

Copyright © by:
Peter Kunz
www.peter-kunz-fotografie.de

außer:
S. 8–9: Gina Sanders/fotolia.com

S. 49: MediaDesign Bermond
www.bermond.de

S. 60: Armin Zedler
www.armin-zedler.de

S. 93: Angela Eßer
www.angelaesser.de

DANK

Ein ganz großes Dankeschön an Ruud Zillig, der uns das *Krimihotel* in Hillesheim für viele Fotoaufnahmen zur Verfügung gestellt hat. Wir wurden köstlich bewirtet und hatten das große Vergnügen, auch im *Krimihotel* zu übernachten. Für Krimifans ein absolutes Muss! Dank auch an Küchenchef Thierry Teyssier mit Maxi, Tobi, Thomas und Basti für die wunderbare Unterstützung.
www.krimihotel.de

Ein großer Dank geht ebenfalls an Ralf und Monika Kramp, die das *Kriminalhaus* und das *Café Sherlock* in Hillesheim für Fotoaufnahmen zur Verfügung gestellt haben und mit uns todesmutig den Wodka-Martini nach dem Rezept von James Bond getestet haben.
www.kriminalhaus.de

Ein ganz herzlicher Dank an die Firma Zieher aus Himmelskron, die es uns ermöglichte, das Krimi-Menü auf wunderbarem Porzellan erst richtig in Szene zu setzen.
www.zieher.com

Und ein besonderer Dank an Beate Maxian, Autorin und Intendantin vom krimi-literatur-festival.at und an Elke Pistor, Autorin und Sprecherin des SYNDIKATs, der Autorengruppe deutschsprachiger Kriminalliteratur ... für alles!

BEZUGSQUELLEN

007 – Düfte
www.007fragrances.com

Bekleidung Öko?Logisch!
www.manomama.de

Clotted Cream
In ausgesuchten Feinkostläden oder unter
www.the-british-shop.de

Dauner Kaffeerösterei
www.dauner-kaffeeroesterei.de

Der Bierzauberer
www.heimat-des-bierzauberers.webnode.com

Der Buchfalt-Meister
www.orimoto.de

Designshop Berlin – 20.15-Kissen
www.s-wert-design.de

Die Krimi-Küche – Spiele
www.krimi-kueche.de

Eiswürfelform Pistole
www.geheimshop.de

Elbmöbel – Gefängniskissen
www.elbmoebel.de

Gefängnisshop Santa Fu
Geräusche CD, Spiele und Shirts
www.santa-fu.de

Handtaschen mit Pistolen-, Messer- oder Handschellen-Prägung
www.vliegervandam.com

Naschpirat – Lakritzpistolen und engl. Weingummis
www.naschpirat.blogspot.de

Ohrringe, Täschchen, Anhänger, Columbo-Bild
www.dawanda.com

Peter Hahn – Bekleidung
www.peterhahn.de

Pistolennudeln
www.pfalznudel.de

Polizeitaschen aus alten Polizeiuniformen
Polizeipräsidium Mainz
www.polizei.rlp.de

Rockabilly Rules – Prison Blu-Jeans
www.rockabilly-rules.com

Salz- und Pfeffer-Streuer Pistole, Pistolenlampe, Pistolenseifenspender
www.kotte-zeller.de

Schlüsselanhänger/Pins Handschellen
www.osg-werbemittel.de

Splash – »Blutiges« Schneidebrett
www.koelner-kochhaus.com

Themen-Partyzubehör und Geschenkartikel
www.firlefantastisch.de
www.donkey-products.com
www.trendaffe.de

Verlag Gmeiner – Ermittlerspiele
www.gmeiner-verlag.de

Verlag und Geschenkideen von ars vivendi
(z. B. Krimipuzzle, -memory, -quiz)
www.arsvivendi.com

Verlag und Geschenkideen von Moses
(z. B. Black Stories)
www.moses-verlag.de

Weingut Große-Hartlage
www.grosse-hartlage.de

Weingut Wieninger
www.wieninger.at

Weingut Zimmerlin
www.weingut-zimmerlin.com

Winzergenossenschaft Deutsches Weintor
www.weintor.de

IMPRESSUM

Originalausgabe
1. Auflage September 2015

Bauhof 1, 90556 Cadolzburg

www.arsvivendi.com

Fotos: Peter Kunz
www.peter-kunz-fotografie.de
Ideen, Rezepte, Foodstyling, Texte: Angela Eßer
www.angelaesser.de
Layout, typografische Gestaltung, Satz:
Vanessa Mund
www.vanessamund.de
Lektorat: Simone Goller
Umschlagfotografie: U1 © Lisa S./shutterstock.com
Druck: aprinta druck GmbH, Wemding
Printed in Germany

ISBN: 978-3-86913-590-8

ars vivendi